우리 첫 명절

설날 일기

글 김미애

잘 먹는 먹깨비에 잘 노는 놀깨비 그리고 잘 놀고 잘 먹는 것보다 재미난 것을 가장 좋아하는 재미깨비입니다. 그래서 재미있고 신나는 이야기를 짓는 글깨비가 되었습니다.
쓴 책으로는 《무지막지 공주의 모험》《말도 안 돼》《도서관 벌레와 도서관 벌레》《자전거 소년》《고물상 할아버지와 쓰레기 특공대》《새콤달콤 비밀 약속》《내 마음대로 규칙》 등이 있습니다. 2009년 한국안데르센상, 2010년 창비 좋은 어린이책 공모전에서 수상했고, 《도서관 벌레와 도서관 벌레》가 2010년 김해시 올해의 책으로, 《내 마음대로 규칙》이 세종도서 교양 부문에 선정되었습니다.

그림 정현지

대학에서 공예를 공부했고, 지금은 어린이 책에 그림을 그립니다.
그린 책으로 《나, 화가가 되고 싶어!》《달라도 친구》《두근두근 거실 텐트》《서로 달라 재미있어!》《허둥지둥 얼렁뚱땅》 등이 있습니다.

| 이 책에 대한 설명 |

얼쑤! 흥겨운 가락이 절로 나오는 명절. 재미있고 신나는 우리 명절에는 어떤 의미가 담겨 있을까요? 우리는 예로부터 내려오는 관습과 전통에 따라 현재의 삶을 살아갑니다. 그중 대표적인 것이 명절이지요. 명절에는 가족과 마을 공동체가 어우러져 함께 살아가는 지혜와 경험이 담겨 있습니다. 사계절을 슬기롭게 지내고 조상님과 가족, 이웃들에게 감사하는 마음을 함께 나누지요. 이 책은 시골에 사는 꼬마 쥐의 눈으로 명절을 지내는 여러 모습을 보여 줍니다. 재미있는 이야기를 통해 명절의 의미를 되새기고 가족의 소중함을 생각해 보는 기회가 되면 좋겠습니다.

우리 첫 명절

설날 일기

김미애 글 ─ 정현지 그림

위즈덤하우스

구부렁구부렁 구부러진 논둑길을 차가 달려갔어.
한 대, 두 대, 세 대…….
차는 마을 끝 기와집 앞에 차례로 멈추었어.
"아이고, 시끄러워! 도대체 누구야?"
툇마루 아래서 낮잠을 자던 시골 쥐가 투덜댔어.
샐쭉하니 마당을 째려보았지.
순간, 시골 쥐 눈이 동그래졌어.
한 명, 두 명, 세 명…….
사람들이 아주 많았거든!
손마다 커다란 꾸러미를 들고 있었지.
꾸러미에서 달콤하고 고소한 냄새가 솔솔 풍겼어.
사과와 밤, 대추 같은 것들의 냄새 말이야.
"우아, 대단한 일이 벌어질 것 같아!"
시골 쥐는 신기한 경험을 잊지 않으려고
일기를 쓰기로 마음먹었어.

시골 쥐는 사람들을 눈으로 쫓았어.
"꼬마 아이다!"
시골 쥐는 폴짝폴짝 뛰는 남자아이가 마음에 들었어.
그런데 마루 위에 사는 할머니도 똑같은가 봐.
"우리 철이 왔구나. 어서 오렴."
할머니가 철이를 꼭 안았어.
"안녕하세요, 할머니, 할아버지! 안녕하세요……."
철이는 작은아빠, 작은엄마, 삼촌들, 고모,
사촌 누나와 아기에게도 인사를 했어.
자그마치 열 번이나 했지.
"우아, 오늘은 친척들이 정말 많이 모였어요!"
"호호! 설에는 사람도 많고, 음식도 많고, 놀 것도 많단다."
할머니가 웃었어.

명절이 궁금해!

"명절"은 계절에 따라 의미 있는 때를 정해 놓고 기념하는 날을 말해요. 오랜 전통에 따라 지금까지 이어지고 있지요.
명절에는 깨끗한 옷을 입고 자연과 조상님께 감사하는 마음을 가져요. 푸짐하게 음식을 차리고 차례를 지내고 성묘도 하지요.
우리나라에는 여러 명절이 있어요. 그중에서 대표적인 명절로, 설과 추석이 있답니다.
"설"은 새해의 첫머리란 뜻으로, 설날은 그중에서도 첫날이란 뜻을 가지고 있어요.
설날에는 새해 첫 옷을 입고, 첫 음식을 먹고, 첫 인사를 해요.
"추석"은 봄여름 동안 정성 들여 키운 곡식을 처음으로 거두어 축하하는 날이에요.
처음으로 거둔 곡식과 과일로 조상님께 차례를 지내며 감사하는 마음을 표현하지요.

내일은 설날이래. 설날은 사람도 많고, 먹을 것도 많아. 또 뭐가 많을까?

큰방, 작은방, 마루, 부엌 그리고 마당까지!
사람이 북적북적했어.
저마다 바쁘게 움직였지.
할머니, 작은엄마 그리고 엄마는 둥글게 모여 앉아 전을 부쳤어.
삼촌들은 옹기종기 모여 차례에 쓸 놋그릇을 닦고
할아버지와 아빠는 쓱쓱 싹싹 마당을 쓸었지.

철이도 바빴어.
부엌에 기웃, 마루에 불쑥, 경중경중 신나게 뛰어다녔지.
그러다 과일 바구니를 밟고 우당탕 넘어졌어.
"조심해야지. 얌전히 앉아서 놀아."
엄마가 꾸지람을 했어.
　시무룩해진 철이는 방에 혼자 앉아 있었어.
　"호호! 우리 철이가 심심하구나.
　보물찾기 놀이할까?"
　할머니가 말했어.
　할머니는 '갈색, 대롱대롱, 3'과 연관된 것을
　찾아보라고 살짝 귀띔해 주었어.

할머니네 마루 위에 보물이 숨겨져 있대.
단서는 '갈색, 대롱대롱, 3'이라는데,
이제 보물은 내 거야.
철이보다 빨리 찾아내야지!

"갈색, 대롱대롱, 3."
철이가 중얼거리며 집 안을 둘러보았어.
시골 쥐도 철이 뒤를 몰래 쫓아다녔지.
"찾았다! 갈색이고 대롱대롱 매달려 있는 것 세 개!
할머니, 할머니! 이리 와 보세요. 보물을 찾았어요!"
철이가 할머니 손을 잡아끌었어.
"호호, 드디어 복조리를 찾았구나.
조리에 성냥, 색실, 돈, 엿을 넣어 두면 복을 많이 받는단다."
"아하! 그래서 복조리라고 부르는구나."
철이가 말했어.

아하! 그래서 복조리라고 부르는구나.

보물찾기에서 철이한테 졌어.
보물은 바로 복조리래!
나도 복조리를 꼭 갖고 말 테야.

복, 복, 복을 다오. 복을 주는 물건

조리는 쌀을 씻을 때, 돌이나 겨 따위를 이는 도구야. 복조리는 뭐냐고? 복을 담는 조리지. 쌀을 잘 이는 것처럼 복도 잘 일어 담으라는 뜻이 담겨 있대. 복조리에 색실, 돈, 성냥, 엿 같은 것을 넣어 집 안에 매달면, 복을 많이 받을 수 있어. 내 방에도 복조리를 매달아 둘까?

멋지지? 복주머니야. 세배를 하고 할아버지께 받았지. 잘 들어 봐. 짜락짜락! 이게 무슨 소리일까? 바로 볶은 콩 소리야. 콩을 볶을 때는 따닥 탁 하고 시끄러운 소리가 나는데, 귀신이 무서워하는 소리지. 그래서 나쁜 귀신은 물러가고 좋은 일만 생기라고 복주머니에 콩을 넣는 거야. 복주머니에 쌀, 깨, 팥도 넣지만, 나는 콩이 가장 좋아. 고소한 냄새가 나거든.

"보물을 잘 찾았으니 선물을 주마."
할머니가 그림 한 장을 주었어.
"악, 호랑이다!"
철이가 깜짝 놀라 내밀었던 손을 등 뒤로 감췄어.
시골 쥐도 깜짝 놀라 펄쩍 뛰었지.
"세화란다. 귀신을 쫓아 주는 호랑이 그림이야."
"귀, 귀신이요?"
"호호, 걱정하지 마라. 세화를 대문에 붙이면 귀신이랑 나쁜 기운이 집으로 못 들어온단다."
"할머니! 그럼, 제가 대문에 붙이고 올게요."

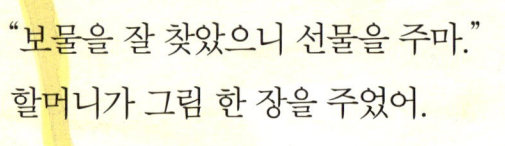

나도 쥐를 위한 세화를 그릴 거야.
나는 고양이가 무서우니까,
고양이가 무서워하는 개 그림을
붙여 놓아야지.

철이가 후닥닥 밖으로 뛰어나갔어.
호랑이 그림에 꼼꼼하게 풀을 칠한 다음, 대문에 철썩 붙였지.

나쁜 기운을 물리쳐라! 세화 출동!

옛날 사람들은 새해가 되면 닭이나 호랑이, 용이 그려진 그림을 대문이나 벽에 붙였어. 이 그림을 세화라고 불러. 닭과 호랑이, 용에게 용한 힘이 있어서 나쁜 기운이나 안 좋은 일을 막아 준다고 믿었거든.

꼬끼오! 귀신은 내 소리를 무서워해. 닭이 울면 아침이 오기 때문이지. 새해에 내 그림을 대문에 붙여 봐. 제아무리 무서운 귀신도 꽁지 빠지게 달아날 거야.

동물 중에 용감한 걸로 치면, 내가 으뜸이야. 귀신이 도망가고 나쁜 일도 안 생기는 건 모두 내 덕분이라고!

나에게는 신령스러운 힘이 있어. 내가 가진 힘은 나쁜 기운을 물리치고 다섯 가지 복을 가져다줘. 귀신도 물리치고 복까지 주니, 내가 으뜸이야!

어느덧, 밤이 되었어.
차례 준비를 끝낸 어른들은 방마다 오순도순 모여
이야기꽃을 피웠어.
철이는 아랫목에 앉은 할머니 무릎을 베고 누웠어.
"할머니, 옛날이야기 해 주세요."
철이가 졸랐어.
"호호, 그래. 추운 겨울밤에는 옛날이야기가 제일이지."
할머니가 이야기를 시작했어.
"옛날에 야광귀라는 도깨비가 살았단다."

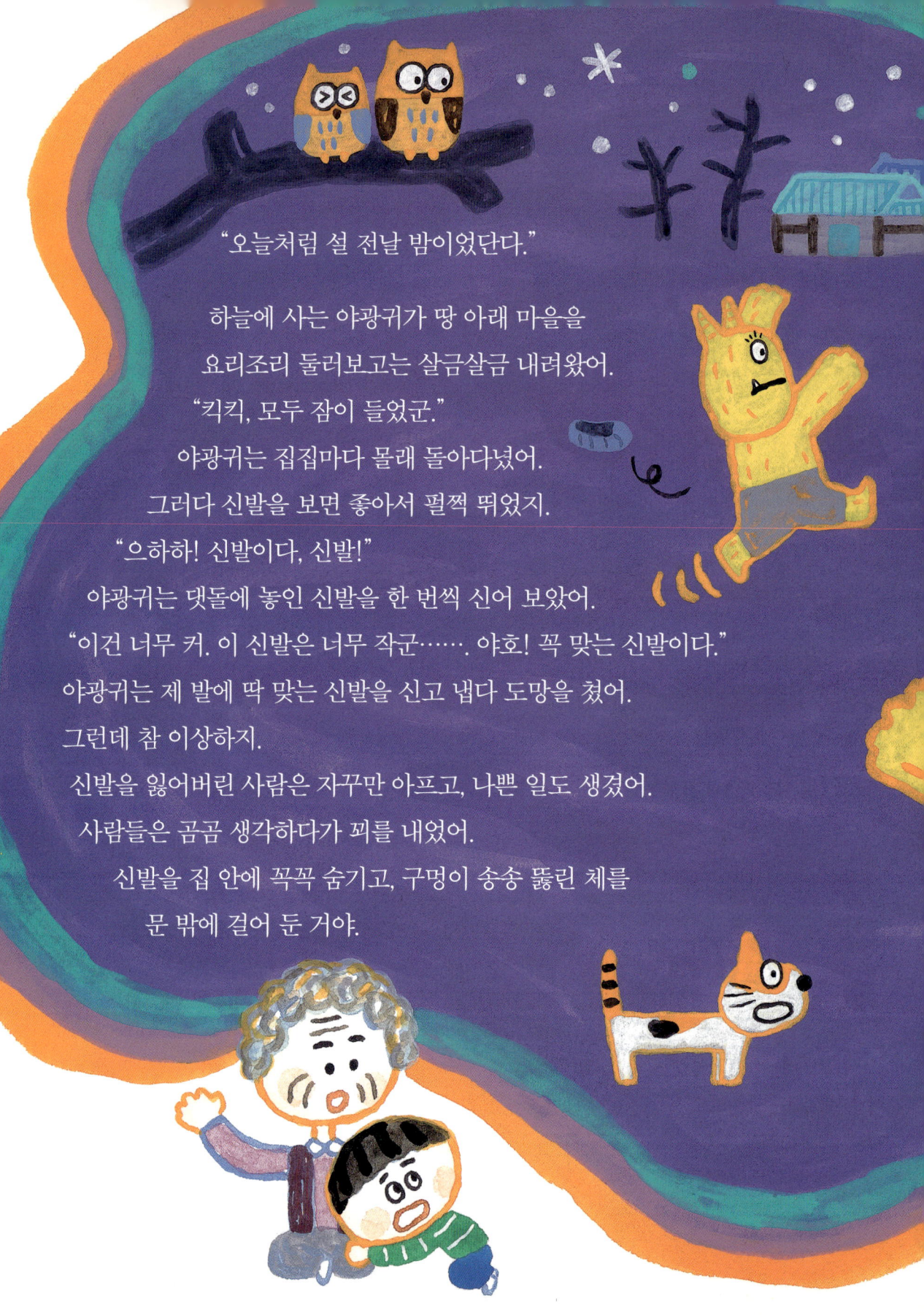

"오늘처럼 설 전날 밤이었단다."

하늘에 사는 야광귀가 땅 아래 마을을
요리조리 둘러보고는 살금살금 내려왔어.
"킥킥, 모두 잠이 들었군."
야광귀는 집집마다 몰래 돌아다녔어.
그러다 신발을 보면 좋아서 펄쩍 뛰었지.
"으하하! 신발이다, 신발!"
야광귀는 댓돌에 놓인 신발을 한 번씩 신어 보았어.
"이건 너무 커. 이 신발은 너무 작군……. 야호! 꼭 맞는 신발이다."
야광귀는 제 발에 딱 맞는 신발을 신고 냅다 도망을 쳤어.
그런데 참 이상하지.
신발을 잃어버린 사람은 자꾸만 아프고, 나쁜 일도 생겼어.
사람들은 곰곰 생각하다가 꾀를 내었어.
신발을 집 안에 꼭꼭 숨기고, 구멍이 송송 뚫린 체를
문 밖에 걸어 둔 거야.

이듬해 설날에 야광귀가 또 왔어.
그런데 신발은 없고 이상하게 생긴 물건이
야광귀를 노려보고 있는 거야.
"앗, 눈 많은 괴물이다. 눈이 몇 개나 될까?"
야광귀는 궁금해서 체에 난 구멍을 세기 시작했어.
"하나, 둘, 셋……! 앗, 까먹었다. 하나, 둘, 셋, 넷…….
어이쿠, 또 까먹었네."
야광귀는 구멍을 세느라 신발 찾는 것을 깜빡 잊어버렸어.
어느새 새벽이 밝았어.
꼬끼오! 닭이 크게 울었지.
"으악! 아침이다!"

"야광귀는 깜짝 놀라 꽁지가 빠지게 달아났단다."

할머니 이야기가 끝나자마자
철이가 부리나케 밖으로 뛰어나갔어.
철이가 좋아하는 빨간색 운동화 한 짝이 안 보였어.
마루 밑, 장독대 뒤, 감나무 아래도 찾아봤지만,
운동화는 어디에도 없었어.
"안 돼! 야광귀야, 내 신발 내놔. 엉엉!"
철이가 훌쩍이며 땅바닥에 털썩 주저앉았어.

내 신발 내놔

역시 옛날이야기는 재미있어.
설날과 관련해서 어떤 이야기가
더 있는지 알아봐야겠어!

그때야!
강아지 누렁이 다리 사이로 빨간색 운동화 코가 보였어.
"휴, 다행이다. 야광귀가 오기 전에 숨겨야 해."
철이는 엄마 신발, 할머니 신발 할 것 없이
꼭꼭 숨겼어.
"철아, 뭐하는 거야?"
삼촌이 눈이 휘둥그레져서 물었어.
"쉿! 야광귀가 와요."
철이가 대답했지.
그러고는 조르르 달려가
할머니 무릎을 베고 잠이 들었어.

드디어 설날 아침이야.
어른들은 미리 준비한 음식으로
정성스럽게 차례상을 차렸어.
철이도 새해 맞을 준비를 했지.
깨끗이 세수하고 새로 산 설빔을 입었지.
"설빔을 입으니 더 예쁘구나."
할아버지가 칭찬을 했어.

차례상 위에 맛있는 음식이 가득해!
그런데 차례가 끝나야 먹을 수 있대.
조금만 더 기다려야지!

차례가 뭐예요?

차례는 명절에 지내는 제사를 말해요. 새해가 되어 조상님께 감사하는 마음과 한 해 동안 잘 지내게 해 달라고 비는 마음을 담아 지내지요. 차례가 끝나면 가족과 친척들이 모두 모여 차례상에 올렸던 음식을 나누어 먹어요. 차례 음식을 나누어 먹는 것은 조상님이 주는 복을 받는 것과 같지요.
차례는 일반적으로 우리 민족의 가장 큰 명절인 설날과 추석 때 지낸답니다.

◉ **어동육서** 생선은 동쪽에 고기는 서쪽에 놓아요.

◉ **홍동백서** 붉은 과일은 동쪽에, 흰 과일은 서쪽에 놓아요. 또는 대추, 밤, 배, 곶감, 사과 순서로 놓기도 해요.

◉ **두동미서** 생선은 머리를 동쪽으로, 꼬리를 서쪽으로 향하게 놓아요.

◉ **삼색 나물** 도라지, 고사리, 시금치 세 가지 색깔 삼색 나물을 놓아요.

차례상을 차리는 방법은 지역이나 집안마다 조금씩 달라. 하지만 기본적인 원칙은 같지.

차례가 끝나고 모두 상 둘레에 모여 앉았어.
"우아, 맛있겠다. 어떤 것부터 먹지?"
철이가 군침을 꿀꺽 삼키며 말했어.
"하얗고 쫄깃한 떡국부터 먹어야지."
할아버지가 말했어.
"에이, 떡국은 싫어요. 떡이 물속에 퐁당 빠져 있잖아요."
철이가 얼굴을 찌푸렸어.
"새해에는 지난해의 나쁜 운을 씻어 내려고 흰떡을 먹는 거란다. 그리고 떡국을 먹으면 나이를 한 살 더 먹어서 형님이 되는걸!"
"형님이요?"
철이는 형님이라는 말에 떡국을 두 그릇이나 먹었어.

새해, 첫날, 첫 명절 '설'

지난해의 낡고 묵은 것을 버리고 새롭게 한 해를 맞이하는 첫날은 모든 것이 처음이에요. 새해의 첫날인 설날에는 세장을 입고, 세찬을 먹고, 세배를 하지요.

'세'에는 해(나이)와 새해라는 뜻이 있어서 새해에 처음으로 입는 옷, 처음으로 먹는 음식, 처음으로 하는 인사에는 '세' 자를 쓴답니다.

세장 세장은 '설빔'이라고도 불러. 설날 아침에는 깨끗이 씻은 다음 새 옷, 즉 설빔을 입어. 나 멋지지?

세찬 설에 차리는 음식을 '세찬'이라고 해. 대표적인 음식은 떡국이야. 흰떡에는 지난해의 묵은 때를 씻어 버리라는 뜻이 담겨 있어.

세배 '세배'는 새해에 웃어른께 드리는 첫 인사야. 세배는 새해 첫 인사니까 더 정성스럽게 했어.

떡국을 먹으면 한 살 더 먹는다고? 그럼 난 철이가 먹은 것보다 한 그릇 더 많은 세 그릇 먹고 철이보다 형님이 되어야지!

세배도 씩씩하게 했지.
"새해 복 많이 받으세요."
"오냐. 복 돈 받으렴. 새해 복 많이 받고,
올해도 쑥쑥 자라고 더 건강해라."
할아버지가 세뱃돈을 주었어.
"네. 할아버지랑 할머니도
쑥쑥 자라고 건강하세요."
철이가 말했어.
"허허, 할아버지는 그만 자라도 된단다."
할아버지가 웃었어.
할머니, 작은아빠, 작은엄마, 삼촌들까지,
모두 웃음을 터뜨렸지.

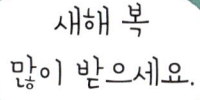

새해 복
많이 받으세요.

잠시 후, 할아버지가 겉옷을 입고 집을 나섰어.
그 뒤로 할머니, 엄마, 아빠 그리고 친척들도 따라나섰지.
"할머니! 어디 가요?"
철이가 물었어.
"뒷산으로 성묘하러 간단다."
뒷산이라는 말에 철이도 후닥닥 따라붙었어.

그런데 성묘는 너무 심심했어.
어른들이 산소를 돌보고
조상님께 절을 하는 동안,
멀뚱멀뚱 서 있어야 했거든.
"으아, 추워. 아! 심심해."
철이가 몸을 배배 꼬았어.
"하하, 심심하구나. 삼촌이랑 연날리기 할래?"
"네! 빨리요. 삼촌, 빨리 가요!"
철이는 신이 나 겅중겅중 뛰었어.

철이와 삼촌은 함께 연을 만들었어.
"무슨 연을 만들까? 아하! 꼬리가 긴 가오리연을 만들어야지."
철이가 하얀 창호지 위에 대나무 살을 붙였어.
빨간색, 노란색, 파란색으로 색칠도 했지.
긴 꼬리 하나, 짧은 꼬리 둘.
멋진 꼬리도 달았어.

가오리연은 가오리를 닮았어.
나는 나처럼 잘생긴 쥐 모양 연을
만들 거야.

얼쑤, 신나는 명절놀이

연날리기 연을 하늘 높이 띄워 날리는 놀이예요. 연줄이 길게 풀어진 만큼 오래 살라는 뜻이 담겨 있지요. 나쁜 운을 날려 버리기 위해 연줄 끊어 먹기 놀이도 해요.

널뛰기 긴 널빤지 한가운데에 짚단이나 가마니로 밑을 괴고 양쪽 끝에 한 사람씩 올라서서 마주 보고 번갈아 뛰는 놀이예요. 주로 여자들의 놀이로, 단오와 추석에도 널뛰기를 즐겨요.

윷놀이 편을 나누어 네 개의 윷가락을 던져 승부를 겨루는 놀이예요. 네모난 윷판에 네 개의 말을 움직여 결승점에 먼저 도착하면 이기지요. 설날부터 대보름까지 어른, 아이 할 것 없이 모두 즐기는 놀이예요.

들판에는 벌써 연을 날리는 사람들로 북적북적했어.
철이는 마음이 바빠서 연줄을 마구 풀었지.
"먼저 바람이 부는 쪽으로 연줄을 풀어 놓아야 해.
자, 이제 뛰어 봐."
삼촌이 말했어.
철이가 얼레를 잡고 뛰었어.
순간, 바람을 타고 연이 휘익 날아올랐어.
"야호! 삼촌 보세요. 연이 날아요."
들들!
얼레 줄을 풀자, 연이 더 높이 올라갔어.

그때야! 갑자기 방패연이 쌩 날아왔어.
탁탁!
가오리연과 방패연이 부딪쳤어.
끼익, 긱!
서로 뒤엉켜 힘겨루기를 했지.
"내 가오리연이 더 세."
철이가 얼레를 잡아당겼어.

핑그르르!
가오리연이 재주를 넘었어.
그러더니 툭 하고 연줄이 끊어지고 말았지.
팔랑팔랑!
가오리연이 하늘로 날아갔어.
"앗, 안 돼!"
철이가 울음을 터트렸어.
"괜찮아. 연이 끊겨 하늘로 날아가면, 나쁜 운도 같이 날아가.
이제부터 좋은 일만 생길 거야."
그제야 철이는 울음을 그치고 손을 흔들었어.
"그렇구나! 잘 가, 가오리연아."

다음 날 아침이야.
철이네 가족은 친척들과 인사를 나눴어.
"안녕히 계세요."
"그래. 또 오렴."
할머니가 철이를 꼭 안으며 말했어.
부웅!
철이가 탄 차가 구부렁구부렁
구부러진 논둑길을 따라 달려갔어.

"철아, 또 와."
시골 쥐도 담 아래 숨어 인사했지.

시골 쥐는 설이 지나가 버려 아쉬웠어.
이틀 동안 쓴 일기를 죽 늘어놓고 보았지.
"설 명절은 정말 재밌어. 서울 쥐에게 자랑해야지."
시골 쥐는 서울 쥐에게 편지를 썼어.

안녕! 서울 쥐야.
내가 아주 멋진 이야기를 해 줄게.

바로바로 설날 이야기야.

설에는 사과랑 밤이랑 떡이랑 전까지!

먹을 것이 아주 많아.

신나고 재미있는 놀이도 해. 설은 정말 멋진 날이야.

가족들이 함께 모여 먹고, 놀고, 마음을 나누거든.

다음 설이 빨리 다시 오면 좋겠어.

내년 설날에는 너도 우리 집에 놀러 와.

즐거웠던 설날에, 마루 밑에 사는 시골 쥐가.

참, 새해 복 많이 받아!

우리나라 명절 달력

우리나라에는 설날과 추석 외에도 여러 명절이 있어요. 예전만큼 다양한 행사를 하진 않지만, 그 의미만은 아직 남아 있어요.

설날 음력 1월 1일

새해 첫 옷인 설빔을 입고, 첫 음식인 떡국을 먹고, 어른들께 새해 첫 인사인 세배를 해요. 차례상을 차려 조상님들께 인사도 드리지요.

정월 대보름 음력 1월 15일

새해 첫 보름달이 뜨는 날이에요. 부럼과 오곡밥, 귀밝이술 등을 먹어요.

한식 동지로부터 105일째 되는 날

옛날에는 봄을 맞은 기념으로 나라에서 새 불씨를 주었어요. 새 불을 받은 날에는 불을 피우지 않고 찬 음식을 먹어요.

단오 음력 5월 5일

여름이 시작되는 때로, 모내기를 마치고 서로 힘을 북돋워 줘요. 수리취나 쑥으로 수레바퀴 모양 떡을 만들어 먹어요. 술술 굴러가는 수레처럼 일도 술술 풀리라는 의미예요.

추석 음력 8월 15일

한가위, 가윗날, 중추절이라고도 불러요. 가을걷이를 축하하는 잔치예요. 그해 처음으로 거둔 곡식과 과일로 조상님께 차례를 지내고 햇곡식으로 송편을 만들어 먹지요.

동지 양력 12월 22일 무렵

일 년 중 밤이 가장 긴 날이에요. 이후 낮이 조금씩 길어지지요. 옛날 사람들은 동지를 작은설이라고도 불렀어요. 나쁜 병과 귀신을 쫓기 위해 붉은 팥죽을 먹어요.

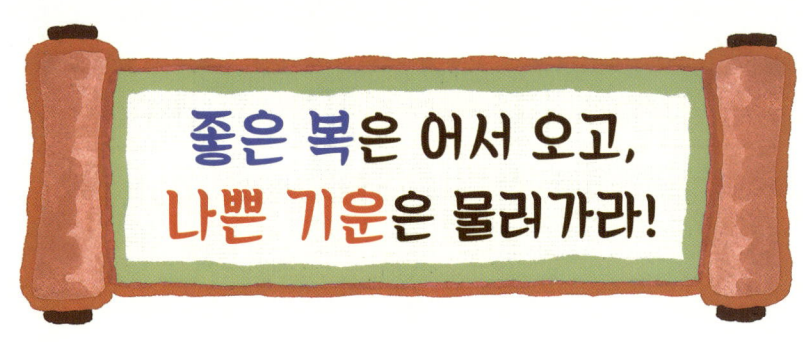

좋은 복은 어서 오고, 나쁜 기운은 물러가라!

우리 민족은 명절이 되면, 서로 건강과 복을 빌어 주고 함께 모여 놀면서 병과 귀신, 나쁜 기운을 몰아내는 행사를 했어요. 설날 이외의 다른 명절에는 어떤 풍습이 있었을까요?

복을 비는 명절 풍습

대보름 달맞이 이른 저녁, 높은 곳에 올라가 달님을 맞으며 소원을 빌어요. 사람들은 가장 먼저 소원을 빌면 좋은 일이 생긴다고 믿었어요.

한식 새 불씨 받기 한식날이 되면 나라에서 백성들에게 새 불씨를 주었어요. 어둠을 밝히고 생명과 건강을 지키라는 뜻이에요.

단오 부채 선물하기 단오는 더운 여름이 시작되는 때예요. 여름 동안 더위를 잘 이겨 내고 건강하게 지내라고 부채를 만들어 주고받았어요.

나쁜 기운을 쫓는 명절 풍습

대보름 부럼 깨기 잣, 호두, 밤, 땅콩처럼 단단한 열매를 부럼이라고 해요. 보름날 아침, 딱딱한 부럼을 깨 먹으면 부스럼이 나지 않고 이도 단단해진다고 믿었어요.

추석 밭고랑 기기 추석 전날, 아이들은 발가벗고 밭고랑을 기어 다녔어요. 나이만큼 밭고랑을 기면, 몸에 부스럼이 나지 않고 나쁜 기운을 막는다고 여겼지요.

동지 팥죽 먹기 옛날 사람들은 붉은 팥죽이 귀신을 쫓는다고 생각했어요. 그래서 동짓날 팥죽을 쑤어 먹고, 팥죽을 대문과 벽에 뿌리기도 했어요.

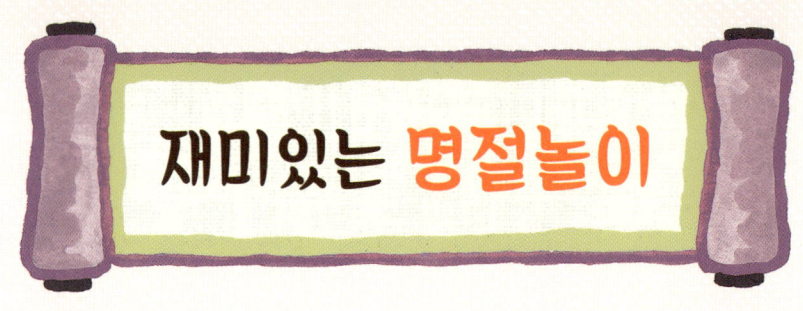

재미있는 명절놀이

명절놀이에는 봄, 여름, 가을, 겨울 사계절을 슬기롭게 보내기 위한 조상들의 지혜와 생활 그리고 마음이 담겨 있어요. 재미있고 신나는 명절놀이에는 무엇이 있을까요?

설날놀이

새해 첫 명절인 설날에 즐기는 놀이에는 한 해의 복을 기원하고 나쁜 것을 멀리 쫓아 버리는 풍습이 담겨 있어요.

널뛰기 널빤지 양쪽에 한 사람씩 올라가 높이 뛰어오르는 놀이예요. 집 안에만 있던 여인들이 널을 뛰면서 바깥세상 구경도 하고, 체력도 키웠어요.

윷놀이 편을 나누어 네 개의 윷가락으로 승부를 겨루었어요. 어른이나 아이 할 것 없이 여럿이 하는 놀이로 우애를 다지며 즐겁게 놀았어요.

단오

모내기를 끝내고 여름이 시작되는 때예요. 사람들은 지친 몸과 마음을 쉬면서 신나게 잔치를 벌이며 놀았어요.

씨름 두 사람이 샅바나 바지의 허리춤을 잡고, 힘과 기술을 겨루어 상대를 먼저 땅에 넘어뜨리면 이기는 놀이예요.

그네 타기 큰 나뭇가지나 기둥 두 개에 줄을 맨 뒤, 줄 아래에 발판을 걸쳐 놓고 발판에 올라앉거나 서서 몸을 앞뒤로 움직여 날게 하는 놀이예요. 여자들의 대표적인 민속놀이 중 하나지요.

대보름

새해 처음으로 보름달이 뜨는 날이에요. 대보름이 지나면 새해 봄 농사를 시작하지요. 옛사람들은 줄다리기를 하면서 힘을 키우고, 둥근 보름달을 보면서 풍년이 되기를 빌었어요.

줄다리기 튼튼하고 긴 줄을 편을 나누어 양쪽에서 잡고 당기는 놀이예요. 주로 대보름 밤에 했어요.

쥐불놀이 대보름 전날에 논둑과 밭둑에 불을 지르며 노는 놀이예요. 농사를 짓기 전에 논과 밭에 불을 놓아 나쁜 병충해를 막으려는 깊은 뜻이 있어요.

추석

한 해 동안 기른 곡식과 열매를 거두는 날이에요. 사람들은 모두 모여 수확의 기쁨을 즐기는 잔치를 벌였어요.

소싸움 두 마리 황소를 맞붙여 승부를 겨루는 놀이예요. 추석이 되면, 마을에서 가장 건강한 소를 끌고 나와 이웃 마을과 싸움을 벌였어요. 주로 아래 지방인 경상남도와 경상북도 일부에서 했어요.

길쌈놀이 여자들이 함께 모여 삼베나 모시 등의 옷감을 짜는 놀이예요. 길쌈을 하면서 이야기를 나누거나 춤을 추어 힘을 북돋았어요. 편을 나누어 놀이를 즐기고, 옷감을 많이 짠 편에게 음식을 대접하기도 했어요.

스콜라 꼬마지식인 17
우리 첫 명절 설날 일기

초판 1쇄 발행 2016년 1월 15일
초판 8쇄 발행 2025년 1월 2일

글 김미애 **그림** 정현지
펴낸이 최순영

교양 학습 팀장 김솔미 **편집** 김숙영
키즈 디자인 팀장 이수현 **디자인** 오세라

펴낸곳 ㈜위즈덤하우스 **출판등록** 2000년 5월 23일 제13-1071호
주소 서울특별시 마포구 양화로 19 합정오피스빌딩 17층
전화 02)2179-5600
홈페이지 www.wisdomhouse.co.kr **전자우편** kids@wisdomhouse.co.kr

ⓒ 김미애·정현지, 2016
ISBN 978-89-6247-675-0 74330

* 이 책의 전부 또는 일부 내용을 재사용하려면 반드시 사전에 저작권자와
  ㈜위즈덤하우스의 동의를 받아야 합니다.
* 인쇄·제작 및 유통상의 파본 도서는 구입하신 서점에서 바꿔드립니다.
* 이 책의 사용 연령은 8~13세입니다.
* 책값은 뒤표지에 있습니다.